JN440934

너스레

너스레

김수봉 제13시집

세종출판사

••• 서문

이 12집은 2023년 10월에서 2024년 11월까지 14개월 동안 창작된 600여 편의 작품 중 400편만 선발하여 11.12.13.14집을 만들기로 하고 14집을 만들기 위해 월별로 5-10여 편씩 먼저 추렴한 뒤 남은 작품 중 2024년 8월부터 2024년 11월까지 쓴 작품과 11집과 12집에 다 싣지 못한 작품을 중심으로 구성한 시집이다.

지난해에 8.9.10집의 세 권의 시집을 한꺼번에 발간한 이후 올해 또 네 권의 시집을 한참에 낸다는 것이 부끄럽지만 이미 써놓은 작품은 버리기도 출간하기도 안타까운 계륵 같아서 고민 끝에 작품의 평가는 독자에게 맡기는 것이 좋겠다는 생각에 용기를 내어 이들을 총정리한다는 마음으로 11.12.13. 14집의 시집을 한꺼번에 출간하게 되었다.

아마도 이런 현상은 필자가 처음 계획했던 희망 사항이 완성되거나 시 쓰기를 그만둘 때까지 해마다 거듭될 것 같아 안타깝지만 이것도 운명이나 팔자일 것이라 생각하고 앞으로도 쓸 수 있을 때까지 계속 열심히 창작활동을 할 수밖에 없을 것 같다.

독자 제현의 많은 사랑과 질정을 기대한다.

2025. 05. 15.

무심재(無心齋)에서 김수봉 사룀.

차례

제2부

제3부

제4부

제5부

제1부

불꽃

불꽃은 아름답지만
언제나 자신을 희생하고
태울 때만 빛이 나듯

불꽃 같은 삶도
개인의 목표나 성공을 위해
목숨을 걸고 바치는 삶이 아니라
남과 대의를 위해 자신을
희생하고 태우는 삶이다

누구나 불꽃같이
아름다운 삶을 살고
죽은 뒤 유방백세하기를
소망하지만

아무나 아름다운 불꽃을
피우지 못하는 것도
욕심만 앞서고 대의를 위해
자신을 불사르는 희생이
부족하기 때문 아닐까

(2024.11.03.)

높은 하늘

하늘이 높은 것은
구름이 없어서만은
아니다

하늘은 아무리 높아도
교만하지 않고
도저히 참을 수 없을 때만
가끔 비바람으로 경고할 뿐

세상 모든 것을 다 내려다보고
모르는 것이 없어도
바라보기만 할 뿐
아는 체 말하지 않고

구름이 어떤 그림을 그리고
눈을 가릴 때도
스스로 사라질 때까지
기다려주고 불평하지 않기에

사람들이 높은 하늘이라
받들어 존경한다
성인이나 성군처럼

(2024.09.14.)

넓고 깊은 바다

바다는 아무리 넓어도
자랑하지 않고
아무리 낮고 깊어도
불평 불만하지 않는다

너무 힘들 때도
바람의 이름으로 파도를
보내서 가끔 경고만 할 뿐

무엇이 들어오든
무조건 다 받아주고
오히려 품어서 생명을 키운다

하늘바라기만 하지만
하늘이 떠나가도
섭섭해하지 않기에

사람들이 품이 넓고 깊은
바다라 존중하고 사랑한다
품 넓고 속 깊은 장자처럼

(2043.09.14.)

장수의 죽음

죽을 줄 알고
패배할 줄 알지만
자신과 민족의 자존심을 위해
전장에서 끝까지 싸우다 죽으면
무모하고 어리석은 죽음일까?

권토중래를 위해
살아남는 것이 옳다거나
삼십육계도 하나의
방법이다 할 수도 있지만

이해관계에 따라 의리와
의가 땅에 떨어진 현실에서
장수가 도생圖生보다 의리와
충을 위해 전장에서 장렬한
죽음을 선택한 자존심

소설이나 영화보다
오히려 아름답지 않겠는가?

(2024.10.03.)

* 영화 라스트 사무라이를 보면서

새로운 길

길은 누군가가 먼저 가고
뒤를 이어 많은 사람이
다녀야 생기는 것이라서

어떤 길도 처음 가거나
자주 가지 않은 길은
익숙하지 않아서
어색하고 낯선 길이지만
새로운 길은 아니듯

인생길도 처음 가는 길은
아무리 어색하고 낯설어도
이미 많은 사람이 다닌
그저 그렇고 그런 길일 뿐

내가 만들지 않은 길은
어떤 길도 새로운 길이 아니다
새로운 길은 언제나 자신의
모험심과 도전이란 대가가
필요한 그런 길일 뿐

(2024.09.10.)

사랑의 아름다움

남녀의 사랑은
나이에 관계 없이
나름대로 다 아름답다

소년 소녀 시절의 사랑은
무엇을 모르는 순수함이

청춘의 사랑은
뜨거운 열정이
더 아름답고

돌싱 남녀의 사랑은
모르는 체하는 내숭이

노년의 사랑은
서로 안타까워하는 애틋함이
오히려 아름답다

남녀의 사랑은
어떤 사랑도
언제나 아름답다 (2024.11.04.)

늦은 때

날씨도 때에 맞아야
생물에 도움이 되고
만물의 찬사를 받을 수 있다

여름날 저온 현상은
모든 생물의 성장을 저해하고
냉해를 입혀 고통을 주기만 하듯

귀뚜라미 멍에하고 흰구름
차일 삼아 산들바람 앞세우며
시원함을 노래하는 가을에

땀띠를 불러오는 때늦은 더위
밤잠을 설치게 하는 열대야는
어떤 경우 누구에게도 찬사는커녕
원망과 지청구만 듣게 된다

인간의 어떤 일도 날씨처럼
잘난 어떤 능력보다 때의 선택이
무엇보다 중요한 성공 비결 아닐까

(2023.09.15.)

노년은

늙으면 담보할 수 없는
내일보다 오늘이 중요하고
내일의 천당보다 오늘 즐겁고
행복한 삶이 중요하다

내일을 위해
오늘 억지로 참고 견디거나
내일을 핑계로
오늘을 구속하지도 말자

내일 내가 바다던 대로
천지가 개벽한다 해도
오늘이 없으면
내일도 없다

오늘 즐겁고 행복한 삶이
가장 행복한 삶일 뿐
내일은 내일에
맡겨두면 어떠리

(2024.09.28.)

모순의 세월

상대는 잘못을 인정도 안하는데
대신 빚 갚듯 잘못을 갚아주고
용서한다 호소하며 화해했다
자랑하면 잘한 일일까

핵 오염수 바다에 버리지 않으면
아무런 걱정도 문제도 없을 텐데
문제를 일으킨 놈은 그냥 두고
항의하는 국민들만 집시법
위반으로 체포하면 잘하는 짓일까

군사동맹 아니라 말하면서
함께 군사 훈련하고 연습하면
뭐가 달라지는 것이 있을까

을사오적 욕하지 않는 사람 없고
경술국치 모르는 사람 없지만
그때를 욕하고 비난하는 현실은
오히려 자기모순 아닐까

(2023.08.25.)

백수의 일

일이 많은 현역들은
은퇴하여 일이 없는
백수를 부러워하지만
속내 모르는 착각일 뿐

백수나 현역이나 일의 성격이
다를 뿐 사람은 누구나
해야 할 일이 있고 일을 해야
그 속에서 삶의 의미와
보람과 행복을 찾을 수 있다

백수의 주된 일은 일 없는
시간을 일처럼 잘 처리하고
거기서 삶의 의미와 보람을
찾아야 하는 일이라서

스스로 일을 만들고 찾아서
해야 하는 백수의 일
오히려 현역의 일보다 더
어렵고 힘든 일일지도 모른다

(2024.09.06.)

행위예술을 보면서

키보다 더 높고
두 팔 벌린 것보다 더 넓은 화선지
걸어놓고 그림 그리는 행위예술가

꽃밭에서 꿀을 찾아 이꽃 저꽃으로
날아다니는 한 마리의 아름다운 나비거나
생명의 열정을 일깨우는 한 명의 무용수다

세상에는 달을 가리키면 달은 보지 않고
가리키는 손가락만 본다고 나무라지만

화면에 파란 새잎과 줄기가 나오기 전까지는
그림보다 예술가의 열정적인 행위에만 눈이
가고 그림이 완성되어 새잎이 돋고 삶의
꿈과 빛난 인생을 다 그린 뒤에야
그림 속에서도 약동하는 생명의 활기를
느낄 수 있을 뿐

그림을 완성하고 예술가가 사라진 그림은
그때까지의 힘찬 생명력과 아름다운 꿈이
반감되어 벌 나비 없는 꽃밭을 보는 듯
그림 속의 예술가가 그립고 허전하다면
예술을 볼 줄 모르는 문외한일 뿐일까 (2023.09.18.)

절후節候

덥지 않은 입추 없다고
절후를 흉보며 비아냥해도
엊그제 입추를 지낸 후
더위를 식히러 올라 본 뒷산

버드나무와 벚나무 잎은
벌써 누렇게 변해서 단풍처럼
떨어져 등산로 오솔길을 덮었고

어젯밤 새벽녘에는 코끝과
얼굴을 스치는 바람이 차가워서
잠결에 일어나 창문을 닫았다

해마다 역대급이라는 염제의
광기가 아무리 칼춤 추어도
때가 되면 어김없는 절후와 계절

무슨 일이든지
오두방정보다 느긋한 기다림이
필요할 뿐 아닐까

(2024.08.12.)

지행합일知行合一

양명학에서는 아는 것과
실천을 하나로 보고
지행합일을 주창한 이래

조선조 성리학자 김굉필이
자칭 소학동자라 하며
소학의 충효를 실천하여
동방 5현으로 추존된 것처럼

특별하기를 추구하기보다
평범한 삶에 만족하고
욕심을 채우기보다
비우기를 실천하면

더 행복하다는 것을
누구나 다 알고 있지만
여전히 삶이 불행한 것은

지행합일도 아는 지식일 뿐
오히려 실천의 어려움을
역설하는 것 아닐까

(2024.10.30.)

수면 무호흡증

높은 합병률과 사망률로
치료해야 할 무서운 질병으로
인식되는 수면 무호흡증

누구나 태어나면 죽기 마련이고
죽을 때 숨 막혀
죽지 않는 사람 없지만
자는 잠결에 죽는 죽음을
선호하지 않는 사람도 없는 것이
오늘의 현실이라면

자는 잠결에 죽는 사람도
죽을 때는 반드시 숨이 막히고
숨을 쉬지 못해서 죽는다면
수면 무호흡증이 그렇게 배척하고
백안시해야만 할 질병일까

젊은이에게는 결코
가볍게 넘어갈 증상은 아니지만
팔십세가 넘은 노년에게는
오히려 수면 무호흡증이
인생 최선의 양방 아닐까 (2023.08.27.)

자신을 위한 삶

사람들은 나이가 들면서
자식과 부모와 주변 때문에
한 번도 자신을 위한 삶을
살아보지 못했다 후회하지만

자신이 선택한 삶 성공과 실패
만족과 불만의 차이는 있으나
어떤 삶도 자신을 위한 삶
아닌 것은 없다

어떤 삶도 자신이 선택했고
그 속에서 행복과 의미를
발견했다면 자신을 위한 삶이
없었다는 말은 실패한 삶에 대한
변명이거나 말장난일 뿐

그래도 후회와 억울함이 남는다면
실패한 삶을 변명하고 후회할 시간에
자신이 희망하는 삶을 살면 그뿐

(2023.08.09.)

정장正裝

우리나라의 정장은 개화기 시대
유럽의 선진 문명을 동경해서
생겨난 유럽식 옷일 뿐이지만

학창 시절은 재정적 문제로
입기 힘든 옷이었고 취업해서는
대학교 출강이나 여자고등학교에
근무하면서 저절로 일상복 내지
작업복이 되었던 정장

퇴직하자 공식적으로 정장을 입어야
할 일도 없고 일상생활의 활동에도
불편해서 옷장 속에서만 제멋을
자랑할 수밖에 없던 옷

늙으면서 가끔 친지나 옛 동료들
자녀의 결혼식이 있을 때만 입던
옷이 되더니 더 늙어지자
오직 친지나 지인들의 죽음에
문상의 옷으로만 남게 되었다

오늘도 친지의 초상에 정장을 입고
문상가며 사람이 입는 정장의 일생도
인간의 일생과 궤를 같이할 수밖에
없겠다는 생각에 쓴웃음만 흘릴 뿐

(2023.09.23.)

순서順序

나온 순서대로 뭉개지는 똥처럼
세상도 순서와 차례가 있어서
마침내 바로 서는 것이지만

인간의 죽음은 태어난 순서와
관계없이 죽는 것이 순서다

어제 둘째 매형의 장례를 치르면서
돌아보니 참석한 외가 쪽 조문객
중에서는 내가 제일 연장자였고

내 위의 여섯 남매 중 누님 두 분만
차례를 기다리는 것으로 보아 나의
순서도 멀지 않았음을 직감한다

지금까지도 특별한 의미를
부여할 수 없었던 나의 인생
순서 없는 마감이 억울하다 해도

때늦게 시작한 시 창작만이라도
어정잡이를 면할 수 있다면
그까짓 빠른 순서가 무슨 대수랴 (2023.09.24.)

장애인

과학과 문명과 의학이
발전할수록 아이러니하게도
장애인의 숫자는 늘어나지만

장애인으로 태어났거나
장애인이 된 것은 운명일 뿐

세상 누구도
장애인으로 태어나고 싶거나
되고 싶어서 장애인이 되어
장애인으로 사는 사람은 없다

장애는 운명이고 정상보다
조금 더 불편할 뿐 무시하거나
경원시할 그런 질병이 아니다

장애인에 대한 편견은
마음의 장애이고
장애의 마음은 장애인보다
오히려 인생을 불행하게 한다

(2024.08.13.)

오늘날의 독립운동

독립이란 말이
예속 의존 의타의 반대말이듯

우리나라의 독립은 자력이 아니기에
완전한 독립을 위해서는
오늘도 독립운동이 필요하다는 말
가슴을 적신다

오늘은 78번째 광복절 기념일
태극기를 창밖에 게양해 보면
여전히 바깥바람에 태극기는
잠시도 가만히 있지 못하고 흔들리다
마침내 깃대에 감기고 만다

깃발을 반듯하게 펼치고
휘날리게 하려면
끊임없이 감긴 깃발을
풀고 바로잡아야 하듯

오늘날 독립운동이 총칼 들고
적과 맞서거나 거리에서 피를

흘리는 그런 독립운동 아니라면

정치인들의 당리당략이나
사리사욕을 위한 외세 의존이 아니라
역사를 잊은 민족은 불행한 역사를
반복한다는 말 가슴에 새기고

국가와 민족을 가장 앞에 두고
매일의 자기 일에 최선을 다하는 것이
오히려 오늘날의 독립운동 아닐까

(2023.08.15.)

해돋이로의 할머니

한 집 건너 한 집씩 비어
인적 뜸한 해돋이로 윗마을

이빨 없는 잇몸만 드러낸 채
대문간에 쪼그리고 앉아
무릎이 어깨를 넘는 모습으로
행인을 볼 때마다 함박웃음으로
반갑게 인사하는 백발 할머니

춥고 더울 때 경로당 가시라
권해도 계단 오르내리기
힘들어서 못 간다 했는데

요 며칠간 보이지 않더니
감기가 들어서 못 나온다 한다

사람이 귀해서 귀한 줄 알고
언제나 인사 주고받던 독거 할머니
아기 같은 순한 웃음
다시 볼 수 있었으면

(2024.08.03.)

제2부

풍광의 맛

아무리 맛있는 음식도
배부르면 먹기 싫고
많이 먹으면 건강에도 해롭지만

멋있는 풍광은 아무리 보아도
싫증 나지도 해롭지도 않고
볼수록 더 허기지고 배고프다

맛있는 음식은 돈만 있으면
어디서든 먹을 수 있지만
현장에 가지 않으면 맛볼 수
없는 것도 풍광의 맛이다

먹고살 만하고 시간적
여유가 생기면 너도나도
세계 곳곳 풍광 좋은 곳으로
유람을 떠나는 것도

눈으로 먹는 풍광의 맛이
입으로 먹는 음식 맛보다
더 매력적이기 때문 아닐까 (2024.08.05.)

고향의 늦봄

엄마 아빠 누나 형님
산으로 들로 나물 뜯고
풀뿌리 캐러 가시고

한낮이 되어도
밥 짓는 굴뚝 연기조차
뜸하던 고향 마을

도둑이 가져갈 것도 없는 집
괜스레 지키고 있는 늦봄의 한낮

혼자 딱지치기 구슬치기하며
아무리 문간으로 눈길 보내도
아직 돌아오지 않는 엄마

저녁 갱죽 한 그릇
기다리기에는
어찌 그리 길고 더디던지

(2024.05.20.)

요새 궁전의 아이러니

부당하게 쟁취한 권력
오래오래 유지하기 위해
난공불락의 군사적 요새에 지은
특별한 요새 궁전과 흔적

적이나 외세의 공격을 막거나
방어하기에 매우 용이하지만
도리어 자신조차도 고립시켜
권력자의 희망과는 달리
대부분 오래지 않아 망했다

세상 곳곳에 남아 있는
요새 궁전의 흔적
화려하거나 아름다울수록
요새의 기능이 뛰어날수록
오히려 빨리 망했다는 사실

권력이나 나라의 안녕을 위한
요새 궁전의 운명
오히려 인간 욕망의 허망함을
증언하는 아이러니 아닐까 (2024.08.30.)

울다가 웃다가

슬픈 일이 있을 때
울다가 울다가 울어도
목쉬고 눈물이 마를 때쯤 되면
갑자기 헛웃음이 나오고
가슴이 후련해지듯

기쁜 일이 있을 때
웃다가 웃다가 웃어도
눈물이 찔끔 나며
괜히 머쓱해질 때쯤 되면
도리어 부끄러워지듯

삶도 하는 일마다
엎어지고 자빠져서
당장 죽을 것처럼 슬퍼도
바닥에 떨어지면
도리어 다시 일어서기 쉽고

하는 일마다 날개를 단 듯
엎어져도 콧구멍에 동전이 껴도
사기꾼을 만나고 일이 꼬이면

단숨에 빈털터리가 될 수도 있듯

무엇이든 지극한 경지에 이르면
언제든지 변곡점이 생기고
결국 새로운 단계로 나아가
돌고 도는 것이 인생

좋다고 너무 기뻐하거나
싫다고 너무 슬퍼할 이유도 없다
최선을 다했다면
그냥 그러려니 할 뿐

(2024.08.26.)

자연의 아름다움

보이는 대상이나 음향, 목소리
따위가 균형과 조화를 이루어
눈과 귀에 즐거움과 만족을
주는 것을 아름답다 하지만

세상 어떤 것도 흔하고
자주 듣보면 습관 되고
익숙해져서
특별하지 않으면
아름다움을 느끼지 못하듯

자연의 아름다움도 남달리
특별해서 기기묘묘하거나
신기막측하고 웅장하거나
이상할 때 느끼는 감정일 뿐

누구에게나 공통적인 감정이
아니라서 새로운 것을 찾아다니는
여행처럼 새롭거나 특별할 때만
느끼는 개인감정일 뿐 아닐까

(2024.08.09.)

걸레

더러운 곳을 닦거나
훔쳐내는데 쓰는 헝겊이고
이미 낡은 것을 사용하지만
근본 자체가 더럽거나
추하지는 않은 걸레

상대의 더러운 것을 자기에게
옮겨 상대가 맑고 깨끗하게
되는 만큼 자신은 더럽고
추하게 되는 존재일 뿐이지만

이미 더러워진 대상은 걸레의
희생 없이는 다시 깨끗하게
될 수 없어 걸레의 더러움은
오히려 거룩하다

때가 잘 묻지 않는
나이론 성분의 예쁜 걸레보다
낡고 추하게 때가 잘 탈수록
더 아름다운 걸레일 뿐이라면
인간 삶은 서로 다른 것일까 (2024.08.24.)

고향의 늦여름

호박이 익어가는
고향마을 초가지붕
매미의 쉰 목소리
시원함을 불러오는 한낮

앞마당 석류는
새콤한 진주를 품어
한창 부풀었고

대청 밑에는
삼복 넘긴 누렁이 한 마리
혀를 한 자나 빼물고
헐떡이는데

사랑채에서는
낮잠 주무시던
아버지의 코고는 소리
오늘도 정겹다

(2024.08.18.)

역사 인식

역사는 과거에 있었던
사실에 대한 객관적 기록이고
역사의 해석과 인식은
개인의 주관적 해석일 뿐이라면

누구나 역사에 대한 서로
다른 해석과 이해는 가능하지만
정파나 집단의 이익을 위해
날조하거나 왜곡된 해석은
언제나 강한 비난과 비판을
받게 마련이다

역사 인식은 과거의 불행했던
역사를 되풀이하지 않기 위해
또 더 나은 미래를 설계하고
전진하기 위해 필요한 것일 뿐

현재 당파의 이익이나
상대를 공격하기 위한 수단으로
사용되어서는 안 되는 것 아닐까

(2024.08.19.)

반려자

결혼식장에서 가장 많이
자주 듣는 백년해로라는 말
백년까지 함께 늙어간다는
단순한 뜻이 아니라 반려자로서
함께 늙어간다는 말이라면

반려자는 단순한 짝과 달리
동거 동숙 동식을 전제로 해서
전제 중 하나라도
의도적으로 지키지 않거나

각거 각숙 각식이 더 좋아서
벌써 각자도생하고 있다면
이미 반려자가 아니다

반려견도 주인이 주지 않는
밥은 결코 먹지 않듯

서로가 동거와 숙식을 함께
하기 위해 노력하고 지키고
원할 때만 반려자 아닐까 (2024.08.10.)

자신감

자신이 있다고
자기를 믿는 자신감
능력으로 할 수 없거나
불가능한 일도 할 수 있고
성공하게 만들지만

지나친 자신감은
오히려 일을 망치는
과유불급이 되기도 한다

특히 건강에 있어서는
세월과 나이를 잊게 해서
언제나 더 큰 문제를 야기한다

젊은 시절 아무리 건강했던
사람도 세월 앞에 장사 없건만

옛날 생각만 하고
자신감만 넘치면 자신한 만큼
단순한 고뿔로 끝날 콧물감기
코로나를 영접하게도 된다 (2024.08.21.)

상사화의 업보

견우 직녀도 칠월 칠석이면
일 년에 한 번씩 만나
서로 쌓인 회포를 푼다는데

상사화는 전세에 무슨 업보
쌓였기에 서로 간절할수록
외려 멀어만 가는가

여름 더위 견디지 못해
지고 마는 잎새 안타까워
긴 꽃대 세우고 아름답게
꽃 피웠건만

앞서간 잎새 그린 탓인지
꽃조차 보름도 지나지 않아
시들시들 앓다가
잎새 따라 지고 만다

꽃지면 그뿐
세상엔 흔적도 없이
사라지는 상사화

언제쯤이면 쌓인 업장
소멸하고 함께 피고 지는
반려의 꿈 이룰 수 있을는지

(2024.08.10.칠석날)

칠레의 엘레온 폭포

눈 내리는 날
300여 척의 절벽 위에서
무심하게 투신하는 폭포
튀어 오르는 물보라와 날리는 눈
그대로 하나의 선경이다

폭포 근처의 설국 같은 숲속에
웅장한 계곡의 물소리 들으며
머리에 눈을 이고 즐기는 노천 온천욕
일상을 벗어난 로맨틱이자
천국이 지상에 구현된 축복이다

칠레의 엘레온 폭포
눈 내리는 폭포 앞에 서면
풍경은 무릉도원이 되고
도원 속에서 온천욕을 즐기면
저절로 선경의 신선이 된다

(2024.11.14.)

입추立秋

춥지 않은 입춘 없고
덥지 않은 입추 없다지만
연일 기록 갱신의 폭염경보

칼춤 추는 땡볕과
후텁지근한 무더위
때아닌 열사병은 덤이고
밤잠마저 설치게 하지만

해마다 역대급 추위 더위라며
몸부림치고 괴로워해도
지난 뒤 돌아보면
언제나 제때를 어김없는 절후

열흘 넘게 계속되는 열대야
어쩔 수 없으면 즐겨라 했으니
그러려니 참고 견디다 보면

올해도 예년처럼 머잖아
풀벌레 소리 들리지 않을까

(2024.08.07.)

사랑의 막무가내

사랑하지 않으려 애쓸수록
간절하기만 했던 사랑
사랑해선 안 될 사랑

서로의 행복을 위해서
사랑할수록 끝내야 했던 사랑
차마 막말 못 해 미루던 이별

용기 낸 어느 날
살아서는 만나지도 말고
죽더라도 연락도 하지 말자고
막말하며 돌아선 이별

이별이 서로를 위한 사랑이고
찾지도 연락도 않아야
진정한 사랑인 줄 알지만

잊으려 할수록 더 그립고
보고 싶고 아프기만 한
막무가내의 사랑이여

(2024.08.21.)

폭염 경보

열흘 넘게 계속되는 폭염경보
더위 먹은 듯 처지는 몸과 마음
북적이는 재래시장의 활기로
재충전하기 위해 찾아간 장날

그곳에도 칼춤 추는 땡볕과
매미 소리만 요란하고
상인 중 더러는 문을 닫고
더러는 부채와 씨름할 뿐
평소에 북적이던 사람들조차
발길 뜸하다

시원한 지하철역 지하상가에도
쉼터에만 주머니 가벼운 노년들의
의자 다툼으로 시끌벅적할 뿐
상가의 상품진열대에는
여전히 한가함만 졸고 있다

폭염경보는 사람들의 마음과
몸과 물품구매의 욕구마저
더위 먹게 하는가 보다 (2024.08.06.)

튀르키예의 계곡

튀르키예의 레드, 로즈,
피존 계곡 등은 서로 다르면서도
비슷하고 아름다운 풍광이다

조화옹들이 특별한 풍광 만들기
경쟁을 벌이다가 지구별에 없는
다른 행성의 모습을 가져왔는지

기암괴석의 기기묘묘한 모습
다른 어떤 곳에서도 볼 수 없고
볼수록 아름답고 멋진 풍광

모습은 서로 조금씩 달라도
조화옹들의 신출귀몰한 솜씨
어느 것이 더 멋지다 말하기
어려운 죽순 닮은 바위들

다른 행성에 와 있는 듯
기이하고 특별하다는 감탄사만
연발하다 숨이 막힐 지경

(2024.08.28.)

비열한 코로나

역대급 폭염경보와 열대야
밤낮으로 시달리는 민중들

짜증의 열대야를 넘어서려
시원한 에어컨 밑에서
소맥으로 기분 내며
모처럼 시원한 밤을 지내면

아침부터 코 맹맹
목 칼칼 시원한 밤의
대가를 요구받는다

그깟 고뿔 정도야 하면
갑자기 올라가는 고열
면역력 약한 노년들을
괴롭히는 코로나

약자만 노리는 사기꾼처럼
만만한 노약자만 노리는
비열한 비겁자다

(2024.08.23.)

매미

기껏 보름 정도의 삶일 뿐인데
무슨 소망 이루려고 밤낮으로
노래 불러 뜨거운 삼복더위를
달구기도 식히기도 하는가

후손을 남겨도 남기지 않아도
달라지거나 특별할 것도 없는데
오로지 후손을 위한 끝없는
사랑의 세레나데 맹렬할수록
안타깝기만 한 매미의 삶

인간은 국가적 문제를
야기하면서도 행복한 삶을 위해
후손을 낳지 않으려 애쓰는데
매미는 무엇을 위해 후손을
낳으려 그렇게 애를 쓸까

죽는 날까지 부르는 매미의
세레나데 미물의 미련함일까
행복을 위한 현명함일까

(2024.08.07.)

2024년 광복절

역사는 과거에 대한
객관적 기록이고
역사 인식은 기록에 대한
오늘의 주관적 해석이다

누구나 자신이 처한 상황과
남다른 삶의 역정 속에서
역사에 대한 서로 다른 해석과
생각을 가질 수는 있지만

모두가 축하하고 기쁨을
함께 나누어야 할 국가적인
경축일이고 광복절이라면

해석과 생각이 서로 달라도
광복을 잘못된 것으로
인식하지만 않는다면

서로 조금씩 양보해서
함께 축하하고 즐기는 것이
일반적인 상식과 도리 아닐까 (2024.08.15.)

너스레

수다스럽게 떠벌려 늘어놓는
말이나 짓을 너스레라 하고
부정적인 태도라 폄훼하지만

가진 것도 큰 능력도 없는
사람이 너스레도 떨 줄
모르면 변명이나 핑계가
필요한 겸연쩍은 상황
어떻게 모면할 수 있으랴

본의 아니게 저지른 실수나
부정적이고 어색한 상황이라도
서로에게 큰 문제가 없을 때
부드럽게 넘어갈 수 있는
유일한 방법이 너스레다

너스레는 부정적인 말과 짓으로
치부되지만 인정사정없는 현실을
웃음으로 넘게 하는 윤활유자
또 다른 능력 아닐까

(2024.07.06.)

제3부

향기로운 만남

꽃은 바라만 봐도 아름답고
스치기만 해도 향기로워서
사랑하는 마음만 가져도
영원히 가슴속에 아름다움과
향기로움을 꽃피우지만

인간은 평생 수많은 사람과
만나고 헤어지지만 만남조차도
대부분의 잇속을 위한 만남이고
목적이 달성되지 못하면
서로 원수가 되어 헤어진다

옷섶의 스침조차도 인연이고
인연은 삼천 겁의 공덕이
쌓여야 생긴다 했는데

인간의 만남과 헤어짐도
꽃처럼 만나고 볼수록
아름다운 향기가 앙가슴에
남을 수는 없는 것일까

(2024.09.21.)

참 그리움

첫사랑이 아름다운 것은
이루어지지 않았거나
이루어질 수 없었기 때문이듯

보고 싶어 애타는 그리움도
만나지 못하거나
만날 수 없거나
만나서는 안 될 때 생기는
안타까운 마음일 뿐이라면

자주 만나고 보고 있으면
싫증 나는 그런 그리움은
진정한 그리움이 아니다

언제나 볼 수 있고
보고 있어도 보고 싶은
그런 그리움이라야
참 그리움 아닐까

(2024.09.21.)

새달

기대는 희망을 낳고
희망은 삶의 원동력이라서

기대가 무너지고
희망을 잃으면
좌절과 절망만 남게 되어
괜스레 남을 원망하게 되듯

지난달은 역대급 무더위와
열대야와 코로나로 사람마다
희망보다는 절망을 곱씹으며
무엇이든 원망했지만

날씨의 횡포가
마침내 백기를 드는 9월
아침저녁 공기는 이미 가을이다

새달은 누구나
새로운 희망을 품고
원망보다 기대를 키우는
그런 달 되었으면 (2024.09.01.)

거리距離

꽃의 향기는
가까워야 더 향기롭고
달과 별은 멀어야
그리움이 더 커지듯

남녀나 부부는 가까워야 좋고
사돈과 화장실은 멀어야
좋다는 말이 있지만
모든 거리는 가깝거나
멀어야 좋은 것만은 아니다

마음이 오면 천 리가 지척이고
마음이 멀어지면
지척이 천 리라는 말처럼
거리는 마음의 문제일 뿐
물리적 거리는 아니라서

세상을 넘어 우주까지
서로 연결되는 현실
마음은 나눌수록 가까워지고
닫을수록 멀어지는 것 아닐까 (2024.09.12.)

쇠다와 쉬다

쇠다는 명절, 기념일 같은 날을
맞이하여 지내는 것이고
쉬다는 피로를 풀려고 몸을
편안히 둔다는 것이 사전적 의미다

명절을 쇠는 것은
단순히 몸을 편히 쉬는 것이 아니다
명절의 의미를 새기고
기념하고 추모하는 것이다

명절을 연휴라 하여
단순히 휴가라 생각한다면
추억하고 기리는 명절이 아니다

명절은 특별한 때를 맞아
추원보본과 감사가 근본이다
시대에 따라 표현 방식은 달라도
근본을 잃은 명절은 명절이 아니다

(2024.09.17.)

지우개

연필로 쓴 것은
무엇이든 지울 수 있고
고쳐 쓰고 다시 쓸 수 있게
도와주는 지우개

글쓰기를 돕고
잘 쓰게 하는 글쓰기의
만능 도우미다

인간의 삶에도
지우거나 다시 쓸 수 있는
인생 지우개가 있다면
누구도 잘못된 삶을 후회하거나
안타까워하며 살지는 않을 텐데

지우개 없는 삶은 한 번 지나면
절대 신이 온다고 해도
아무리 후회하고 반성해도
다시 고치거나 살 수는 없다

후회하고 좌절할 때는
차라리 그 시간에 더 나은
삶을 위한 노력이 필요할 뿐
이미 때가 늦었다 (2024.09.11.)

인생사

하고 싶은 대로
다 할 수 있는 세상이나
바라는 대로
다 이룰 수 있는 인생은
인간의 기대나 희망일 뿐
세상 어디에도 없다

가끔 기대 밖의 인물이
로또복권에 당첨되기도 하지만

혹시나는 언제나 역시나가 되고
설마는 반드시가 되어
대부분 노력과 기대가
어긋나는 것이 인생사다

그래도 살고 살아지는 것은
내일에 속고 사는 것이
인생인 줄 알면서도
내일에 거는 혹시나 하는
기대와 희망 때문 아닐까

(2024.09.15.)

어떻게 살까

걱정하지 마.
선택했든 주어진 길이든
그냥저냥 살다 보면
금방 훅 가고 말아

어차피 한 번만
선택할 수 있을 뿐
다른 길은 갈 수도 없고
어느 길도 자신의 뜻을
다 이룰 수도 없는 인생길

출발점에서는 누구나
하늘을 날고 물 위를 걷는
특별함을 꿈꾸지만
과정은 엎어지고 자빠져서
언제나 제자리 뛰기나
번복만 거듭할 뿐

종점에서 뒤돌아보면
그 끝은 도진개진 비슷해서
개가 되었다 기뻐할 일도

도가 되었다 슬퍼할 일도 아니다

어떤 길도 운명일 뿐인 삶
최선을 다했다면
그냥 그러려니 할 뿐 아닐까

(2024.09.23.)

욕하지 말자

욕은 인간들끼리 하는 것이지
짐승에게 하는 것이 아니다

성리학에서 인간의 본성은
측은지심 수오지심
사양지심 시비지심이라 했고
이것이 없으면 인간이 아니라 했다

현금 사십억이나 있는 사람에게
삼백만 원짜리 빽이 뇌물이 되겠냐면
수오지심과 시비지심이 있겠는가

놀러 갔다가 자기들끼리 밀쳐서
치이고 밟혀 죽었는데 왜 장관이
책임져야 하는가 말하면
사양지심과 측은지심이 있겠는가

군인은 명령에 따라 죽고 사는데
명령에 따라 임무를 수행하다 죽었는데
왜 명령권자가 책임을 져야 하는가 하면
시비지심과 측은지심이 있겠는가

이들에게 욕하지 말자
인간의 본성을 잃은 인간은
이미 사람이 아니다
욕은 사람에게 하는 것이다

(2024.09.25.)

좋은 일

반드시 생긴다고 믿는 마음
믿어서 기분 좋은
그것만큼만 좋은 일이다

세상에는 어떤 일도
이유도 원인도 없이
좋은 일이 생기지는 않는다
무슨 일이든 반드시 그만큼의
대가를 지불해야 한다

나쁜 일도 그냥 생기는 것이
아니다 이미 그만큼의 이유와
원인이란 대가를 지불했기
때문에 생긴 결과다

당첨된 복권이
행운의 보증수표 아니듯
좋은 일은 만드는 것일 뿐
우연이라도 저절로 생기는
좋은 일이나 나쁜 일은 없다

(2024.09.13.)

추분 더위

추석도 지나고
추분이 내일 모래인데
아직도 전국에 폭염경보와
열대야를 알리는 일기예보

추운 것보다 더운 것이 낫다며
선인들의 유유자적하던 삶을
본받고자 하지만 마음뿐

계절에 적응하고 순치된 삶
갑작스런 이상 기후와 고온
참고 견디기 정말 힘든다

차라리 겨울에 얼어 죽을망정
지금 더위를 무찔러버리고
싶다면 무식한 백수의 경박한
말과 태도일 뿐일까

절후를 잃은 날씨
더위를 먹었는지
에휴! 더워도 너무 덥다 (2024.09.19.)

왜?

우중충한 검정 투구 쓴 하늘
창밖의 호곡하는 바람 소리
일기예보를 비웃듯
무덥지만 을씨년스런 날씨

켜지도 않은 TV 소리조차
성가시게 느껴지는 적막 속에
단풍도 들지 않은 낙엽만
혼자 굴리고 굴리는 아침나절

기다릴 것도
기다려야 할 것도 없이
무엇인가 기다리는 듯

휴대폰만 열었다 접었다
일없이 거실만 오락가락
바장이고 안달하는 것은

날씨 탓일까
가을 탓일까
아니면 나이 탓일까 (2024.09.03.)

보리굴비

어린 시절은 이름도 듣지 못했고
지금은 먹고 살 만해도 잘난 사람의
사치스런 음식이란 생각에
남의 일로만 여기던 보리굴비

추석 명절에 보내온
대학 동기의 보리굴비 선물
먹을수록 입에 착 감기는 맛
가슴 적시는 따뜻한 마음

베푼 것 없이 받은 선물
너무 맛있다 좋아하는 것은
염치없는 태도라 여기면서도
젓가락은 보리굴비만 탐한다

동기의 마음에 착 감기는
시라도 써서 보답하고 싶지만
부족한 능력만 탓하려니
마냥 부끄럽고 안타까울 뿐

(2024.09.17.)

미라 박물관

멕시코 과나후아토나
이집트 카이로의 미라 박물관에는
오래된 파라호나 일반인의 미라가
전시되어 관광객들을 부르고 있다

사람은 언젠가 죽게 마련이고
죽으면 누구나 죽은 후의 명복을 빌고
영면을 누릴 수 있는 명당을 찾아서
죽은 후에도 살아 있을 때보다 더 큰
복을 누리라고 기원하며 묻었는데

후손들은 어찌해서 죽은 자의 유택을
함부로 훼손하고 그 시체마저 파내어
구경거리로 만들고 전시할까
물론 나름의 이유가 있겠지만
그것은 살아 있는 자의 이유일 뿐
죽은 당사자의 뜻이 아니라면

우리나라에서는 사자의 명예라 하여
죽은 자에 대한 명예도 지키려 하는데
다른 나라에서는 무덤조차 훼손하고

죽은 자는 함부로 다루어도 된다는
생각인지 안타까울 뿐

관광객은 무엇을 보고자 찾아가고
박물관은 무엇을 보여주고 그를 통해
영면을 바라는 사자에게 무엇을
주려고 하는지 알 수는 없지만

죽은 조상을 욕보인 못난 후손들이나
힘이 있다고 남의 죽음을 욕보인
폭력자들도 자신의 죽음 이후에 찾아올
미래는 생각지 못하는 것일까

(2024.09.12.)

도토리

야생동물의 겨울 양식입니다
도토리를 줍지 맙시다

가을 산을 부지런히 돌아다니며
열심히 도토리를 줍는 아주머니
공원이나 산 진입로마다 써 붙인
프랭카드를 읽을 줄 몰라서일까
아니면 야생동물보다 못나서일까

아주머니는 도토리라도 주워서
겨울을 나는 생계비에 보탠다면
먹고 살기 위해 도토리 줍는
아주머니의 잘못 만일까
아니면 그렇게 살 수밖에 없는
세상이 잘못된 것일까

야생동물의 굶주림을 해소하기
위해 아주머니는 굶어 죽어도
좋다는 말일까

(2024.09.30.)

가을맞이

그렇게 맹위를 떨치던 더위도
계절의 위력 앞에 무릎 꿇고
저절로 옷깃 여미는 아침저녁

행운의 양수가 겹치는 중양절과
추수와 감사의 추원보본을
되새기는 명절의 9월

맑고 푸르고 높은 하늘
할 일도 기대할 것도 없지만
괜스레 가슴 설레고
무엇인가 기다려지는 가을

올듯한 무엇은 막연해서
쓸쓸하고 허전한 조락의
나뭇잎만 굴려도

노랗게 물드는 황금 들녘처럼
발갛게 볼 붉은 능금처럼
가을은 풍성하고 아름답게
그렇게 맞을 일이다 (2024.09.01.)

때아닌 때

영웅이 나고 용마가 나도
때를 만나지 못하면
어떤 것도 성공하지 못하듯

때는 세상 만물의
성패와 화복의 근원이다

백로가 지난 때아닌 때의
폭염과 열대야와 이상 고온은
가을 맞을 준비를 하던
벚나무가 단풍도 들지 못하고
누렇게 말라서 발등 수북하게
낙엽만 쌓을 뿐
어떤 성공도 행복도 없다

더 안타까운 것은
모든 불행의 근원인
이상 기후와 고온 현상도
인간 자신이 만든 욕심의
자업자득일 뿐이라는 것

(2024.09.08.)

장수長壽

행복해서 장수할까
장수해서 행복할까

개똥밭에 굴러도
저승보다 이승이 낫고
빨리 죽어 천당 가기보다
이승에 사는 것이 더 낫다거나

인생은 고해의 바다라서
사는 것이 죽는 것만 못하다
하면서도 나이가 들수록
오래 살려고 건강을 챙기려
더욱 애쓰는 것을 보면

아직 죽지 않은 것이
지금 살아 있는 것이
오래오래 장수하는 것이
어떻게 사는가보다
더 큰 행복임을 알 수 있다
진정 장수만이 행복일까?

(2024.09.04.)

추석 명절의 노년

아들딸 손자 손녀 맞을 준비
며칠 동안 했는데

추석 전날 오후에 와서
차례 없는 명절날 늦은 아침
먹은 후 처갓집에 가야 한다며
오후면 다 떠나고 없다

사람이 그리운 혼자 남게 된
노년들 산에 가기도 남사스러워
지하철역 상가 휴게소에 간다

문 닫은 상가와 어둑컴컴한
휴게소지만 평소처럼 빈 의자 없이
둘러앉은 유유상종한 노년들
남이 알까 봐 서로 돌아앉았다

뜨거운 태양을 피해
지하상가에서 만보 걷기를 하는
나도 머잖은 미래의 자화상을
보는 것 같아 괜히 얼굴만 붉다 (2024.09.17.)

나의 회고록回顧錄

잘난 사람들이 자신의 삶을
돌아보며 쓴 회고록과 자서전

자신의 삶에 대한 자부심과 자랑
잘못된 일에 대한 변명
못다 채운 욕심에 대한 회한
등이 중심이지만

나의 회고록에는
욕심을 비우려고 노력했지만
다 비우지 못한 삶에 대한 반성

하늘을 우러러 땅을 굽어
부끄럼 없이 살겠다 맹세했지만
부끄럽게만 산 삶에 대한 회한

많이 베풀고 다 베풀고 가리라
다짐했지만 실천 못한 삶에 대한
반성과 후회 등만 쓰고 싶다

만약 그런 기회가 주어진다면 (2024.09.24.)

제4부

커피와 풍경

얕은 산봉우리 내려다보며
호수나 바다를 조망할 수 있는
높은 산꼭대기 커피점

창가에 커피잔 놓고 앉으면
산봉우리 위로 피어오르는
안개가 선경을 마중하고

그 너머 펼쳐진 넓은 호수나
끝없이 펼쳐진 바다가
산밑의 속진俗塵을 떨치면

풍광에 스며든 커피향은
풍광을 선경으로 만들고
커피잔에 어린 풍광은
마침내 신선주를 빚어서

커피와 풍광이 어울어진
환상의 앙상불
사람은 부지불각 신선이 된다

(2024.10.19.)

알밤

떨어지는 알밤의
맑고 통랑한 소리 들리는
대신공원로 길섶

늦가을 익은 밤송이가
스스로 입을 벌리고
알밤을 떨어뜨린다

속은 보지 않았지만
반짝이는 빛깔만으로도
알이 꽉 찬 실한 놈일 터

반들반들 통실한 모습
사랑스러워 몇 개 주워
책상 위에 두려다가

깊어 가는 가을 녘에도
쭉정밤 같은 시들만
양산하는 자신이 부끄러워

손에 든 알밤
다람쥐에게 양보하고
허허롭게 돌아선다 (2024.10.13.)

가방끈

길다고 자랑하지 말고
짧다고 기죽지 말자
인생은 지식으로 사는 것이
아니라 지혜로 산다

긴 가방끈은 많은 지식을
담고 있기는 하지만
세월과 경험의 축적인
나이만큼 지혜롭지는 못하다

나이 칠팔십을 넘으면
아무리 가방끈이 짧아도
그때까지 듣보고 경험한 깨달음
당면한 문제를 해결 극복하는
최선의 나침반이자 힘이다

꽃나무가 늙었다고
늙은 꽃이 피는 것이 아니듯
세상의 어떤 가방끈이
경험을 넘어설 수 있으랴

(2024.10.03.)

얼굴 하나

여름 같은 가을 날씨
텁텁하고 우울한 기분 떨치려
우연히 펼친 시집 속
불현듯 떠오르는 얼굴 하나

헤어진 세월 뛰어넘어
아쉬움으로 다가오는 그미
괜스레 가슴은 울렁이고
손은 떨린다

아린 마음 주체할 수 없어
잊었던 기억 더듬어
부끄러운 마음으로 누르는
그미의 전화번호

손 놓을 때의 안타깝던
그 목소리 기대하지만
혹시나는
언제나 역시나인 현실처럼

'이 번호는 없는 번호입니다'
소리만 가슴을 친다 (2024.10.18.)

빗방울

사자후 같은 천둥소리에 놀라
번개 맞은 절망처럼 떨어져
비명도 없이 깨지다가

무슨 잘못 저질렀는지
바람에 쫓겨 담벼락이나
유리창에 부딪혀 눈물처럼
흘러내리는 빗방울

왜 떨어지고 깨지는지
원인도 이유도 모른 채
이리저리 날리다가
마침내 사라지는 운명

어디서 왜 왔다가
어디로 왜 가는지
알 수도 없는 인생처럼
그냥 왔다 사라질 뿐인
안타까운 빗방울

(2024.10.22.)

성공한 아버지의 삶

아무리 높은 관직과 부를
이루어도 나처럼 살지는
말라고 자식들에게 당부하는
아버지는 스스로 자신을 버린
실패한 삶이고

아무리 많은 것을 누리고
살아도 자식들이 어머니만
고생시키는 아버지같이 살기는
싫다고 말해도 실패한 아버지다

아무리 가난하고 낮은 삶을
살아도 자식들에게 나처럼
당당하고 떳떳하게 살라고
말할 수 있는 아버지는
성공한 삶이고

아무리 힘들고 어렵게 살아도
자식들이 '세상에서 아버지를
가장 존경한다. 나도 아버지처럼
살고 싶다'고 말하면 가장 성공한
아버지의 삶 아닐까

(2024.10.07.)

별미別味

특별히 맛이 좋다는
별미는 산해진미나
진수성찬이 아니라
추억의 음식 맛이다

은어와 도루묵의 관계처럼
매일 진수성찬을 먹으면
저절로 토장국 생각이 나듯

비만과 고열량이 걱정인
현대인에게는 살찔 걱정 없이
실컷 먹을 수 있는 음식이
특별한 맛의 음식이고

보릿고개나 가난한 농촌에서
굶주림을 면하게 해주던 음식이
산해진미보다 맛있는 음식이라면

오늘날의 별미는 특별히 맛있는
음식이라기보다 배고팠던 시절
언제 먹어도 맛있기만 했던
추억의 음식 맛 아닐까 (2024.10.21.)

노년의 하얀 거짓말

욕심을 비우면 비운만큼
행복하다 해서인지

노년들은 행복을 위해서
다른 욕심 다 비우고
건강하기만 바란다 한다

인간 욕망 중 가장 큰 욕심은
죽지 않고 오래 사는 것이고
건강이 장수의 바로미터라면

건강하기만 바란다는 노년의
희망은 결국 오래 살겠다는
가장 큰 욕심일 뿐
욕심을 비운 것이 아니다

노년들의 건강에 대한 욕망은
오래 살고 싶은 욕심을 에둘러서
표현한 하얀 거짓말일 뿐

(2024.10.02.)

우유니 소금 사막

사신을 따라 청나라로 가던
박지원이 끝없이 펼쳐진
요동 벌판의 광활한 장관을 보고
한바탕 통곡할 만하다 했지만

사방 100km가 넘는 수평의
흰색만 존재하는 우유니 소금
사막을 보았다면 통곡만 했을까

좁은 땅의 두메산골에 태어나
중국의 평야가 세상에서 가장
큰 평원이라 알던 나에게

일망무제의 대양이나
눈 덮인 광야를 바라보는 듯
끝 간데없이 넓고 평평하게
펼쳐진 하얀 소금 사막

복받치는 감정 억제치 못해
오히려 울음도 웃음도 망각하고
눈 커진 저린 몸에 입만 벌리고
소리도 없이 전율할 뿐이다 (2024.10.11.)

붉은 도시 마라캐쉬

사하라 사막과 접해 있고
땅도 집도 지붕도 붉은색이라서
'붉은 도시'라 불리는 모로코의
오아시스 도시 마라캐쉬

프랑스에 의해 관광도시로
개발되었고 색깔이 특별해서
아름다운 도시로 유명하다

붉은색이라서 아름다운 곳이
아니라 다른 어떤 곳에서도
볼 수 없는 특별한 색을 가졌고
특별해서 아름다움을 주는 곳

일몰에 끌려온 저녁놀이
붉은색을 더할 때 그곳에 서면
사방 천지가 붉은색뿐이라서
누구든 그만 붉게 물들고 만다

(2024.08.14.)

독거 노년의 식사

살기 위해 먹는가
먹기 위해 사는가
노년에게는 필요 없는 논쟁

남이 챙겨줄 때와는 달리
독거 노년의 식사는
먹는 것이 사는 것이고
사는 것이 먹는 것이다

아침 먹으면
점심 먹을 걱정과 준비
저녁 먹으면
다음날 먹을 계획과 준비

하루 종일 아니 매일매일
먹는 것이 가장 큰 일이고
사는 목적과 이유가 된다

벗어나려 해도
먹지 않으면 살 수 없고
살려면 먹어야 하는 것일 뿐 (2024.10.27.)

문명의 아이러니

세계 테마기행 프로그램을
따라 세상 곳곳을 둘러보면
국가도 인종도 민족도 많고
아름답고 멋지고 기이하고
신비로운 곳도 많지만

문명화의 정도에 따라 삶의
방식과 빈부의 차이는 있어도
그 속에 사는 사람들은 누구나
나름의 문화와 전통을 지키며
최선을 다하는 삶은 비슷하다

다만 그들이 추구하는 삶의
행복과 인간관계와 갈등은
비슷해도 문명화될수록 삶의
행복지수는 오히려 낮다

인간 삶의 문명화가 삶의 행복을
위한 것이라면 문명화될수록
행복감이 낮아진다는 현실
인간 문명의 아이러니 아닐까 (2024.10.25.)

갑작스런 가을

소원하던 일이 갑자기
이루어지면 행운이지만
기다리다 지쳐 포기했을
때 찾아온 때늦은 행운은
사후약방문일 뿐이듯

추분이 지날 때까지
고대하던 가을은 오지 않고
열대야와 폭염경보만 계속되다가
시월에 들어오면서 갑자기
찾아온 가을 날씨 행운일까

갑자기 으스스하고 서늘한 바람
사람마다 옷깃을 여미지만
이미 콧물 졸졸 기침 콜록
고통을 호소할 뿐

행운도 때가 맞아야 행운이듯
날씨도 때에 맞지 않으면
오히려 지청구만 듣게 된다

(2024.10.04.)

삶의 소리

자연은 인간에게
욕심을 비우고
상처받지 말고
모든 것 내려놓고
물 흐르듯 가볍게
웃으며 살라 하지만

인간은 자연에게
자연의 일부인 나도
너희들이 가끔 변덕 부리고
마음먹은 대로 살지 못하듯
그냥 그렇게 살 뿐이라 한다

주어진 현실에
최선을 다하면 그뿐
부대끼고 부딪치고
울고 웃으며
그 속에서 행복 찾는 것이
인생 아니겠나 한다

(2024.10.06.)

아름다운 노년

바다가 늙었다고
물이 싱거워지는 것도

얼굴이 늙었다고
마음조차 늙은 것도

소금이 묵었다고
맛이 변하는 것도 아니라서

생강은 묵을수록 맛이 맵고
와인은 숙성할수록 더 향기롭고
역사는 오래될수록 가치 있듯

전자기기를 잘 다룰 줄 몰라도
몸이 굳어 행동이 굼떠도
어제 일을 오늘 기억하지 못해도

저녁놀이 더 아름다운 태양처럼
사람은 늙을수록 지혜로워
생각을 바꾸고 변하면

노년이 더 아름답고
멋있는 것 아닐까 (2024.10.17.)

전통문화마을

바닷가 높은 산비탈을 따라
어쩔 수 없이 전통을 지키며
옛날 그대로의 삶을 사는
부산 산복도로의 사람들처럼

세계 곳곳에도 가난을 벗어날
수단으로 가난과 불편함을
오히려 볼거리로 만들어
유명 관광지가 된 전통문화마을

여러 가지로 불편하고 힘들고
보고 즐길 것도 별로 없지만
불편하고 낙후된 삶 자체가
볼거리가 된 유명 관광지

외형을 보고 즐기는 것보다
가난의 포르노를 통해
추억의 소환이나 우월적
관점에서 자기만족을
즐기는 심리일 뿐 아닐까

(2024.10.23.)

화산火山

야수의 폭력성이 잦아들면
푸른 하늘을 담아 파란 눈이
반짝이는 산정 호수를 만드는
순박한 모습의 분화구

얼마나 속이 부글부글 끓고
화가 났으면 피부를 뚫는
아픔을 감내하며 밖으로
속내를 토했을까마는

한참을 포효한 후에는
도리어 미안한 듯 별다르고
기묘한 풍광을 만들어
관광객을 불러들이고

인간이 인내심을 시험하고
화를 돋우지만 않으면
이상 기후처럼 언제든지
아름답고 조용한 화산

(2024.10.24.)

순수성의 아이러니

혼탁한 세상에 살다 보면
누구나 어린이의 순수함을
부러워하고 잃어가는 어른의
순수성을 안타까워하지만

아이의 순수함은 아직 세상을
잘 모르기 때문일 뿐
세상에서의 성공은
순수함을 잃어버리는 속도만큼
빠르고 크게 이룰 수 있다면

어린이의 순수성을 사랑한다는
말과 성공은 서로 대척적인
모순의 말로서 성공한 사람이
자기를 포장하는 말이거나

현실에서 실패한 사람의
자기변명이나 자기 위로의
말일 뿐 아닐까

(2024.10.08.)

모순된 인간 본성

국적과 인종을 불문하고
사람은 누구나 침략과 폭력과
전쟁을 미워하고 비판하며
평화를 부르짖으면서도

조상이나 선조들이 이룩했던
대제국 건설에 대해서는
언제나 자부심을 가지고
입에 거품을 물고 자랑하며
호가호위하려 한다

남이 자신을 침략하는 전쟁은
용납할 수 없지만 자신들이
남을 침략해서 성공한 전쟁은
자랑스럽다는 이기적인 생각

지금도 힘만 있으면 언제든지
침략해서 약탈하고 싶지만
그럴만한 힘이 없기 때문에
어쩔 수 없이 주장하는 평화
모순된 본성 아닐까

(2024.10.29.)

모순의 아름다움

세상 곳곳의
다락논이나 꼬부랑길이나
건곤주라 불리는 높은
돌기둥처럼 생긴 봉우리들

사람마다 아름답다
대단하다 무릉도원이다
칭찬하지만 겉으로 보이는
겉모습일 뿐

다락논은 살아남기 위해서
어쩔 수 없이 만든
고통의 삶이 본질이고

꼬부랑길도 직선으로 곧바로
갈 수가 없어 마지못해 만든
어렵고 힘든 길일 뿐이며

건곤주라는 돌기둥도
크고 웅장하던 산봉우리가
억겁의 세월 속에 비바람의

풍화와 침식 끝에 남겨진
죽음 직전의 아픔일 뿐이라면

일상에서 아름답다 멋지다
찬양 일색의 자연풍광
그 겉모습과 본질은
상호 모순 아닐까

(2024.10.20.)

제5부

삶이란

가도 그만
와도 그만인 삶
걸림 없어 좋다지만

삶이 아니다

가야 할 곳도
와야 할 곳도 있고
오고 가야 할 이유도 있어야

진정한 삶이다

이유는 삶의 의미고
관계는 존재의 본질이니까

(2024.11.19.)

가을

무심결
찻잔에 툭 떨어지는
낙엽 하나

어라!
이게 뭐지?

나야 나
단풍이야

단풍
왜?

지금
가을이잖아

아하
벌써!

구멍 뚫린 앙가슴
낙엽 구르는 소리만
소란하다

(2024.11.12.)

내일을 위한 삶

내일이야 있든 말든
오늘이 있어야 내일이 있고
오늘이 좋고 잘 살면
내일은 저절로 좋아질 뿐이라면

없거나 없을지도 모르는
내일이나 내일의 근심 걱정
오늘에 미리 끌어와 오늘의 삶을
고통과 갈등에 몰아넣기보다

내일은 내일에 맡겨두고
내일은 없는 것처럼
오늘이 인생의
마지막 날인 것처럼

오늘은 오늘만을 위해
전심전력 다하는 삶이
도리어 내일을 위한 삶 아닐까

(2024.11.19.)

아름다운 사랑

아름다운 사랑은
사랑했지만 본의 아니게
이루지 못한 사랑일 뿐

남녀 사이의 사랑은
근본이 콩깍지이지만
인생은 사랑만으로
사는 것도 아니라서

이루어진 사랑은
어떤 사랑도
아름다운 사랑이 드물다

이루지 못한 첫사랑은
세월이 흐를수록 미련과
애틋함이 채색을 더하듯

사랑했지만
이루지 못한 사랑만이
진정 아름다운 사랑이다

(2024.11.16.)

물고기의 사랑과 증오

연방 이웃 동료가 뜰채에 뜨여
횟감으로 죽음을 맞이하는
횟집 수족관의 물고기들

자신의 처지는 아랑곳 않고
서로 꼬리를 물고 계속
뒤만 따라다닌다

서로 사랑하는 행위라면
삶과 죽음조차 초월한
얼마나 거룩한 사랑이겠는가

영역 다툼을 위한 행위라면
아무런 이유도 없이 죽을 때까지
약한 상대를 그냥 두지 못하는
증오의 모습일 뿐

미물이지만 인간 세상의
끝없는 비정을 보는 듯해서
오히려 부끄럽고 안타깝기만 하다

(2024.11.30.)

비정한 낚시

살기 위해 먹고
먹기 위해 사는
약육강식의 세상에서

약자를 잡아먹고
먹히는 것은 섭리기에 낚시의
잘잘못을 따질 이유는 없지만

인간이 즐기기 위해 하는 낚시
물고기에게는 목숨이 달렸고
인간은 다른 생물의 목숨을 빼앗는
낚시 외에도 즐길 것이 많다면

낚시는 다른 어떤 즐거움보다
비정한 즐거움이라 하겠다
뿐만 아니라 가짜 미끼의 낚시는
비정함을 넘어 비열하다 하겠다

먹기 위해 살기 위해
미끼를 탐하다가 죽는 것은
스스로 선택한 자연의 섭리기에

어쩔 수 없다 할 수 있지만

가짜 미끼는
목숨을 바친 후에도
먹어보지도 못하고
속았다고 생각하면
얼마나 자신이 밉고 슬프겠는가

어쩔 수 없이 낚시를 해야 한다면
차라리 맛있는 미끼라도 먹고
죽을 수 있게 베푸는 것이
그나마의 배려와 예의 아닐까

(2024.11.26.)

인생의 덫

짐승을 속여서 잡는 덫은
조심하고 잘 살피면
피할 수도 벗어날 수도 있지만
인간을 잡는 세월의 덫은
누구도 피할 수 없다

청춘의 덫은 청춘남녀가
사랑에 눈이 멀면 알면서도
인생을 망치게 되고

노년의 덫은 알든 모르든
세월 따라 누구에게나
온갖 질병이 운명처럼
찾아오는 덫이라면

세월은 어느 누구도
피할 수도 벗어날 수도 없고
마침내 그 속에서 생을 마감할
수밖에 없는 인생의 덫 아닐까

(2024.11.11.)

잘 사는 삶

개똥밭에 굴러도
이승이
저승보다 낫다 해서

어린 시절은
내일의 준비를
위해 살았고

중 장년은
가족을 위해
가정을 위해 살았다면

마지막 후반은
나를 위해
나의 건강을 위해
사는 삶이

오히려 남을 위한 삶이자
세상을 위한 삶이고
잘 사는 삶 아닐까

(2024.11.20.)

특별한 문학기행

작고 문인의 문학관이나
관련 시설을 찾아다니는 문학
기행은 부러움과 찬탄을 통한
창작의 자기 제고가 중심이라면

정몽주 생가 정의번의 시총과
충노 억수의 무덤
백신애 기념관의 방문은
작품 창작의 방법 문제가 아니라
작가의 의식과 시대적 소명 등
가슴 저린 자기반성과
새로운 다짐의 기행이다

살아서의 삶보다
죽고 난 뒤의 삶이
더 아름다운 조선祖先의 사적
작가로서의 삶과 의식을
다시 한번 돌아볼밖에

(2024.11.08.)

백신애白信愛

차갑고 냉혹한 시절에
자신을 태워
세상을 데우려 했던
작은 불꽃

부러울 것 없는 집안에
큰 능력 품수稟受해서
어린 시절 여성 최초로
신춘 문예에 당선되고
전도가 양양하던 백신애

보장된 안락한 삶 던져버리고
산천에 불붙은 진달래꽃처럼
부조리한 세상을 태워버릴
불꽃이 되려고 했지만

세상에 불이 붙기도 전
자신만 태우고 비 맞은 불꽃
하늘과 때의 탓이라 해도
마냥 안타까울 뿐

(2024.11.08.)

충노 억수의 무덤

임진왜란 때 왜적과 싸우다
정의번과 함께 죽은 충노 억수
정의번의 시총 아래 초라한
묘봉과 비석 하나로만 남았다

외적이 쳐들어왔을 때
국가로부터 큰 은혜를 입었고
그때까지 군림하고 누리던 인물이라면
자기 것을 지키고 은혜의 보답으로도
나라를 위해 목숨을 바치는 것은
당연한 의무일 뿐이라면

나라로부터 어떤 은혜를 받은 적도
나라가 망해도 더 나빠질 것도 없고
오히려 더 나아질 가능성도 있는
인물이 많은 은혜를 받은 반역자와
달리 나라를 위해 목숨을 바쳤다면
그 공은 많이 가지고 누린 자보다
훨씬 크고 높은 것 아닐까

시대적 정의와 윤리와 이념이

있겠지만 충노 억수도 큰 의리와
공을 평가받아야 함에도
주인의 충효만 높이 평가받는다면

옛날은 그랬지만
오늘날은 다르다고 말할 수 있을까

(2024.11.08.)

단풍놀이

연전의 예쁜 단풍 연상하며
단풍놀이 나선 장안사 계곡

입구부터 신통찮은 단풍 모습
안쪽은 다르기를 기대했지만
반딧불이 공원까지 걸어보아도
혹시나는 언제나 역시나일 뿐

아주 푸르지도 단풍 들어
붉지도 노랗지도 못해
도리어 우중충한 잎새들
안타까워하며 돌아설 때

가을바람 맞은 나뭇잎들
부끄럽고 미안한 마음
손 흔들며 하는 변명

사람들이 만든 이상 기후
이러지도 저러지도 못해
애태운 앙가슴 단풍보다
오히려 더 붉고 노랗다 한다 (2024.11.09.)

코즈웨이 주상절리

사만 개가 넘는 벌집 모양
육각형의 높은 기둥이
해안을 따라 질서 정연하고

육각형이라 빈틈도 없고
크기도 모양도 한결같이
웅장하게 펼쳐진 코즈웨이
주상절리의 모습

조화옹의 신기묘산에
턱 빠져서 입만 벌어질 뿐
인간의 안목으로 어찌 평가하랴만

세상 곳곳에는 누구나 감탄하고
자지러질 만큼 기기묘묘하고
웅장하고 기이하고도 특별한
자연풍광과 경치가 많지만

코즈웨이 주상절리도
이들과 어깨를 견주어도
결코 손색 없다 하겠다 (2024.11.16.)

새들의 천국

먹이가 풍부하고
안전이 보장되고
언제든지 교미하고
새끼를 기를 수 있는 곳

세상 곳곳에는
새들의 천국이라
불리는 곳이 많다

새들은 정말 행복할까
그래서 행복하다면

인간은 잘살고
안전하고 자유로운
선진국일수록 행복지수가
낮은 것은

인간이 새 대가리가
아니기 때문만일까
욕심 때문은 아닐까

(2024.11.22.)

여행旅行

여행은 일탈을 통한
오감 만족이다

일상에서 보지 못했고
다른 곳에서도 다시 보기 어려운
특별하고 신기한 풍광을 보고

평소에 먹어보지 못했던
특별하고 신기한 음식을 맛보고

자신의 삶과는 아주 동떨어진
옛날의 문화나 첨단의 새로운
삶의 모습을 경험하고

평소에 하고 싶었으나
하지 못했던 특별한 모험이나
체험도 해볼 수 있다면

여행은 오감 만족을 통한
쾌감 추구 아닐까

(2024.11.23.)

어정쩡한 계절

정치적 · 사상적 경향이
뚜렷하지 아니한 사람을
회색분자라 하며
기회주의자처럼 비난하듯

계절도 가을이면서 여름 같고
겨울이면서 가을 같다면
혹한이나 혹서보다 더 나쁜
고얀놈이 된다

나무들은 가을이면 단풍 들고
떨어져야 다음 해를 준비할 텐데
여름처럼 어정쩡하게 더우면
잎들은 떨어지지도 못하고

그렇다고 다시 꽃피우지도 못해
망설이며 애만 태우다가
마침내 겨울 추위를 만나
그냥 말라서 떨어지고 만다

흑백논리가 중도보다

더 좋은 것은 아니지만
계절은 어정쩡한 것보다
오히려 확실히 구분되는 것이
바람직한 절후 아닐까

(2024.11.25.)

인생의 가을비

봄비는 언제 어떻게 와도
사랑받는 친구나 애인이 되고
여름에는 폭우와 천둥 번개도
오히려 그러려니 하지만

가을비는 천둥소리만 들어도
으스스한 한기를 느끼게
되는 미운털이 되듯

인생도 가을비 맞으면
겨울만 앞당길 뿐 삶을
초라하고 쓸쓸하게만 해서

번개를 맞지 않아도
천둥소리만으로도
관절마다 바람든 무처럼
푸석거리거나 삐꺽거리고

계절에 무릎 꿇은 몸은
이미 가을비가 더 이상
친구나 노비가 아니라
오히려 모셔야 할 상전이 된다 (2024.11.02.)

행복

사람은 욕심으로 살고
욕심 때문에 죽는다 했는데

욕심을 비우면
행복하다는 말은 거짓말

약육강식 적자생존의 삶에서
욕심을 다 비우는 것은
생존을 포기하는 것일 뿐

개똥밭에 굴러도
저승보다 이승이 낫다면

병들어 아프지 않고
배고프지 않음에 만족하고

죽지 않고
살아있음에 감사하고

남을 부러워하지만 않으면
저절로 행복하지 않을까 (2024.11.08.)

늦가을의 첫눈

여름이 가을의 머리를 베어먹고
겨울이 가을의 꼬리를 삼켜
단풍 색깔도 제대로
붉어지지 못한 늦가을

평년보다 훨씬 빨리
겨울을 알리는 첫눈이
폭설로 전국을 덮었다

성스러운 천상의 뜻
지상에 이루어진 듯
산하를 하얗게 덮은 눈

답답하고 우울한 세상
새롭게 재편하고
욕심으로 가득찬 인간의 마음
깨끗하게 씻어줄 은총 같아
눈이 오지 않는 남부지방의
하늘을 원망했는데

하룻밤 지낸 후의 소식은

하늘의 저주인지 조화인지
눈으로 인한 온갖 사건이
재앙과 재난 수준이었다

사악하고 더러운 세상이라도
눈조차 보지 못하는 남쪽이
오히려 다행이란 생각이 든다면
염치없는 마음일 뿐일까

(2024.11.29.)

시의 날

찬란하고 아름답기만 했던 꿈
마침내 이루어지던 등단의 날
날개가 돋은 듯
구름 위를 걷는 듯
가슴 벅찬 환희의 꽃밭이었다

엄벙덤벙 함께 어울려
자화자찬과 입발린 칭찬으로
중견 작가가 된 오늘
돌아보니 등단 때의 꿈은 사라지고
타락한 감투와 허울뿐인 수상의
기대만 남은 문단 현실

시의 날
왜 시인이 되었는지
시인이 무엇인지
어떤 시를 써야 하는지
시인의 정체성을 생각하며
반성을 통한 새로운 출발과
일신을 스스로 다짐해 본다

(2024.11.01.)

발문跋文

필자는 '부산 서구문인협회'를 창립한 뒤 서구민을 위한 봉사의 차원에서 구민을 위한 '문학창작 교실'이란 문학 강좌를 개설하기로 마음먹고 구청의 '평생 교육원'에 강좌 개설을 신청하고 때를 기다리고 있는 중이다.

막상 강좌를 개설하면 강좌를 수강하는 사람들은 교재 준비 등 번거로움이 많을 것이고 또 경제적 부담도 있을 것이라는 생각에 필자의 강의를 수강하는 사람들은 특별한 교재를 새로 준비하지 않아도 되도록 하기 위해 필요한 참고 자료를 필자의 시집 제12집과 제13집 발문에 싣기로 했다.

자료는 지금까지 필자가 출판한 제 1시집부터 10집까지의 작품집에 실린 작품 중 시 창작에 도움이 될 수 있겠다 생각되는 작품과 올해 출간할 11집부터 14집까지의 작품집 속에 실린 작품 또 실으려 했던 작품 중에서 문학 작품 창작과 관련이 있어서 참조할 수 있겠다고 판단 되는 작품을 제12집과 제13집에 각각 10여 편 내외로 나누어 싣기로 했다.

구체적인 작품은 다음과 같다.

• 제 8집

시의 생략

포장만 화려한 값비싼 물건은
팥소 없는 찐빵이나 단물 빠진 껌처럼
껍질만 남아서 무미건조할 뿐이듯

생략도 함축을 위한 것일 때는
시의 기본이자 시를 시답게 하지만
생략만 있고 함축이 없거나 본질 자체를
생략하고 아무 말 대잔치만 남는다면
아무도 그 의미를 알 수도 없게 된다

시는 즐기기 위해 읽는 것이지
배우기 위해 읽는 것이 아니라면
누가 힘들게 독해를 위해 시를 읽겠는가
생략을 위한 생략이나 무조건 생략은
마침내 본질마저 생략되지나 않을는지

생략은 함축을 위한 것일 뿐
남이 모르게 하기 위한 것이 아니라면
생략도 누구나 쉽게 읽고 이해할 정도만
생략하고 함축해야 좋은 생략 아닐까

(2022.09.12.)

* … 제 8집의 발문 … 참조

• 제 10집

잘 쓴 글

작가라면 누구나 독자에게
공감을 얻고 감동 주는 글을
쓰는 것이 꿈이자 희망이지만
누구도 쉽게 이루거나 작품마다
찬사를 듣는 작가는 드물다

문학사에서 잘 쓴 글은
남과 달리 독특하고 새롭고
참신해야 잘 쓴 글이라 하지만

하늘 아래 새로운 것은 없다는 말처럼
이미 수많은 작가가 수많은 작품을
쏟아낸 상황에서 새롭고 특별한 내용의
작품을 창작하는 것은 어렵기에

내용의 일상성을 벗어나 남과 다르고
특별하기 위해서 새롭게 등장한 기법이
표현의 낯설게 하기와 비틀기다

낯설게 하기는 일상적 서술구조나
표현 방법을 깨뜨림으로써 독특한
참신함을 찾는 표현기법으로서

무조건 너무 낯설기만 하면

아무 말 대잔치가 되고 말지만
적당히 낯설고 엉뚱한 표현은
오히려 신선한 느낌을 준다면

낯설게 하기도 문학의 몸부림이자
시대가 요구하는 성동격서의
새로운 흐름의 하나는 될 듯

(2023.07.14.)

* … 제 10집 발문 참조 …

• 제 12집 – 4부

과장科場의 장원壯元 시

이름만 들어도 크게 기대되는
과거 시험의 장원 시지만

명성만큼 그렇게 뛰어난 시는
드물어서 읽어본 사람은 누구나
'이럴 수가' 하면서 실망한다

경서를 중시하고 문장을 천시하던
당대의 시대적 영향도 있겠지만

과장에서 과제科題를 보고
즉석에서 시를 지어야 하고

깊은 사고와 퇴고할 여유가
부족했기 때문이라면

대단치 않은 장원 시는
오히려 시 쓰기의 깊은 사고와
퇴고의 중요성을 강변하는
훌륭한 장원 시가 아닐까

(2024.06.26.)

문학 작품의 표현

시의 표현은
생략과 함축이 생명이다

몸통을 생략해서 무슨 말인지
알 수도 없게 하면 결핍이 되지만
중언부언 쓸데없는 말이
덧붙으면 사족이 된다.

표현은 특히 참신함을 요구하지만
너무 참신해서 무슨 말인지 알 수
없게 표현하면 말장난일 뿐

참신한 표현에 자신이 없으면
억지로 참신을 고집할 것이 아니라
내용의 참신함을 추구하면 된다

내용의 참신성은 인생에 대한
깊은 통찰과 깨달음에서 올 뿐

후대까지 회자하고 좋은 작품으로
일컫는 작품은 표현의 참신성보다
내용의 참신성과 깊이가 남다른
작품이 대부분이라면

나이가 들어서 감성적 표현에
자신이 없는 사람들은 억지로
표현에만 전념하기보다

오히려 삶의 경험을 통한
인생의 깊은 통찰을 표현하려
애쓰는 것이 더 바람직하지 않을까

(2024.11.25.)

문학

침묵하는 지성은 지성이 아니고
행동하지 않은 정의는 죽은 정의며
진실되지 않은 문학은 문학이 아니라면

집에 불이 나서
사람이 죽고 다치는 상황을 보고
불꽃의 아름다움과
힘찬 파괴력을 예찬한다면

인간과 삶의 진실을
표현했다 할 수 있을까

세상이 정변으로
온통 들끓고 있는데
민들레의 아름다움만 노래한다면
순수하다 할 수 있을까

세상일은 내 알 바 아니다며
죽은 정의조차
말하고 표현하지 않는다면
지성인이고 문학인이라 할 수 있을까

(2024.12.12.)

문학의 제재題材

문학이 인생의 모방이라면
인간 삶의 모든 것이
제재가 될 수 있지만

문학의 제재는 많은 독자에게
공감을 주고 감동을 줄 수 있는
그런 제재라야 바람직하다면

인생은 누구나 성공하고
모든 꿈 다 이루고 싶어 하지만
현실은 누구도 꿈을 다 이루고

성공한 사람은 없거나 드물어서

흥진비래보다 고진감래가
낭만적 영웅적 성공담 보다
현실적이고 실패한 민중의 아픔이
공감 가는 보편적인 삶이고

일필휘지하며 장쾌 호쾌한
신선경을 드러내어 왕후장상의
사랑은 독차지했으나 민중의 사랑은
그만큼 받지 못한 이백보다

항상 징징울며 끝없이 퇴고를
거듭하여 민중의 아픈 삶을 드러낸
두보가 민중에게 더 큰 사랑을 받는
시인이 되었다는 점은

문학 작품의 제재와
작가의 태도를 말 없는 가운데
직접적으로 보여주는 것 아닐까

(2024.11.24.)

문학 작품의 감동

문학 작품에서
추구하는 최종의 목표이자
최고의 가치인 감동

일상에서는
이미 알고 있거나
예상이 가능한 순간보다
기대하지 않았던 순간이나
상황 등이 갑자기 나타났을 때
일어날 수 있는 가벼운 감정이지만

문학 작품에서는
자기희생이 동반된
역지사지의 특별한 경험이나
상대에 대한 예의와 배려가 깔린
진실된 감정 등이라야
깊은 감동을 줄 수 있다

크게 느껴서
마음을 움직인 깊은 감동
독자의 생각을 바꾸고
생각이 바뀌면 행동도 바뀌어서
마침내 인생도 바뀐다

(2024.11.27.)

불이문不二門

절간에서 흔히 볼 수 있는 불이문과
불법에서 흔히 듣볼 수 있는
만법귀일과 일체유심조는

본래 진리는 둘이 아니고 마음
하나라는 뜻의 다른 표현일 뿐이듯

현실에서도 어느 한 분야를 잘하면
다른 분야도 잘 할 수 있는 것인지
문학에서도 한 장르를 잘하는 사람이
다른 장르도 겸하는 사람이 많다

다만 불이문의 진리는 누구나 쉽게
제대로 깨칠 수 있는 것이 아니라서

밥할 줄 알면 국수도 끓일 줄 알고
된장찌개 할 줄 알면 김치찌개도 할
수 있지만 대성하려면 잡탕집보다
특화된 전문 요리집을 해야 하듯

문학 장르도 한 장르에 집중하는 것이
오히려 성공의 지름길이라 훈수하면
불이문을 잘못 이해하고 착각한 탓일까

(2023.09.02.)

창작

뿌리 없는 나무 없고
닭 없는 달걀 없듯

상상은 이미 알고 있는 것

위에 작은 돌을
하나 얹는 정도일 뿐
전혀 알지 못하는 것은
상상도 되지 않는다

작품 창작도 무에서 유를
창조하는 것이 아니라
작가가 이미 경험하고 알고 있던
사실과 생각과 감정을
조금 비틀고 변용한 뒤
상상을 그럴듯하게 더한 것일 뿐

아는 만큼 보이고
보이는 만큼 비례해서
변용과 상상도 커지는
것일 뿐인 것을

(2024.11.13.)

● 제 11집

시인의 안목

시인은 남다른 관점으로
세상과 사물의 이면을 보고
남보다 깊은 사고와
색다른 의식을 가져야 한다

천둥과 번개가 요란한
먹구름 속에서도 파란 하늘의
무지개를 발견할 수 있고

사막에 떨어져 길을 잃고
절망에 빠져 있을 때도
오아시스의 즐겁고 행복한
삶을 노래할 수 있고

태평양 한가운데서 폭풍을 만나
절체절명의 위기에 빠졌을 때도
만선의 기쁨을 환호할 수 있고

전쟁의 포연 속에서도
사랑과 평화의 꽃을 피우고
언제 어디서나 꿈과 이상을
찾을 수 있어야 한다

시는 인생의 모방이면서
새로운 창조니까

(2024.01.21.)

• 제 14집

시인은

남들처럼 일상적인 삶을 사는

특별하지 않은 사람이지만
동일한 사물이나 상황을 보고도

남과 달리 그 이면이나
그 너머를 볼 수 있고
남들과 다르게 생각하고
달리 볼 수 있는 사람이다

고독과 허무의 현실에서도
삶의 희망과 의미를
발견할 수 있고

갈등과 저주와 증오의
세상에서도 사랑과 용서를
노래할 수 있고

전쟁과 약탈과 죽음이란
절체절명의 시대 상황 속에서도
평화와 화해의 아름다움을
꽃피울 수 있고

절망과 좌절의 삶 속에서도
이상을 꿈꾸고 구가할 수 있는
이상주의자거나
그 맞은편에 서 있는
특별히 모난 자가 시인 아닐까

(2024.01.20.)

시는?

어떤 독자에게 시는
시시한 사람이 쓰는
시시한 글일지 몰라도

시인에게 시는
삶이요 생명이요 죽음이요
새로운 생명의 창조다

시인은 길을 가든 잠을 자든
밥을 먹든 일을 하든
무엇을 하든 시상만 떠오르면

발을 헛디뎌도 꿈을 깨어도
숟가락을 떨어뜨려도
일을 망쳐도 언제든지
시상부터 즐겁게 메모한다

시는 시인의 피를 덜어
불사의 새 생명을 창조한
시인의 분신이다

(2024.06.23.)

제13시집

너스레

초판1쇄 발행 2025년 5월 15일

지 은 이 김수봉
펴 낸 이 이길안
펴 낸 곳 세종출판사

주소 부산광역시 중구 흑교로 71번길 12 (보수동2가)
전화 051-463-5898, 253-2213~5
팩스 051-248-4880
전자우편 sjpl5898@daum.net
출판등록 제02-01-96

ISBN 979-11-5979-769-9 03810

정가 12,000원